AF176549

Stella

Mein Plan B
Die Therapie

Auflage 2. November 2020

J. R Lucas Wolf

# Inhalt

Inhaltsverzeichnis..............................................2

Einleitung/Kapitel 1........................................3

Kapitel 2...........................................13

Kapitel 3...........................................23

Kapitel 4...........................................33

Kapitel 5...........................................43

Kapitel 6...........................................53

Kapitel 7...........................................63

Kapitel 8...........................................73

Kapitel 9...........................................83

Kapitel 10.........................................93

Kapitel 11........................................103

Literaturverzeichnis....................................106

Impressum.....................................107

# Einleitung/Kapitel 1

Unsere Geschichte, die sich tatsächlich so ereignete, findet im Sommer im Jahre 1990 statt. Geografisch gesehen findet die Geschichte in einer Stadt, namens Krefeld statt. Krefeld bis 1929 auch Crefeld genannt, liegt linksrheinisch, eine Großstadt am Niederrhein. Nordwestlich gelegen von der Landeshauptstadt Düsseldorf in Nordrhein-Westfalen.

Die Einwohnerzahl beträgt im Jahr 2020 ungefähr 234000 Einwohner. Krefeld ist laut eigener Aussagen zweitgrünste Stadt in Deutschland. Krefeld ist reich an Grün dies beweist, die große Zahl an Alleen und öffentlichen Grünflächen, mehrere Parks und vor allem der Krefelder Stadtwald.

Sicherlich fragt ihr euch was sich in dieser Großstadt ereignet haben könnte?

Ganz so einfach ist das nicht und der Weg führt über den Gedanken der Sicherheit.

Wo füllt man sich sicher?

Wer gewährleistet genau diese Sicherheit?

Die meisten von uns haben Eltern und unsere Eltern beschützen uns.

Was passiert, wenn genau das nicht mehr der Fall ist und der Schutz wegfällt?

Erzieher die zu Tätern und Mitwisser werden.

Eltern die aus welchen Gründen auch immer ihr Kind (K) missbrauchen, ganz egal, ob das körperlich oder seelisch passiert.

Warum Eltern so etwas Schreckliches tun, mag es Gründe geben, es rechtfertigen kann man das sicher nicht.

Haben Kinder nicht ein Recht auf Sicherheit?

Meine eigene Person ist sich sicher, das irgendwo gelesen zu haben.

Tatsächlich gibt es seit 1989 ein weltweites Grundgesetz, wo genau alle Grundrechte für Kinder enthalten sind, in einer UN-Konvention. Die Rechte des Kindes sind die Pflichten der Eltern. Die Grundversorgung, das Sorgerecht, Pflege, Erziehen und Aufsicht. Um nur einige zu nennen. Da steht nicht drin, der Missbrauch am Kind – Opfer (Stella K). Irgendetwas haben die Eltern (M, M), Vater, Mutter, Onkel, Tante, Großmutter und Schwester nicht verstanden. Oder in der Entwicklung der Täter ist viel schiefgelaufen. An dieser Stelle gibt es einige Fragen, die man sich stellen muss. Warum?

Wieso ist es keinen aufgefallen?

Und man wird nicht dahinterkommen wie, so etwas Schreckliches passieren kann.

Unsere Geschichte startet im Sommer im Jahr 1990. In diesem Jahr ist es in der Stadt Krefeld nicht ganz so heiß. Krefeld ist sehr grün, so gibt es hier sehr viel Freizeitaktivität.

In diesem Jahr überlegt Lucas, könnte er etwas für seine Figur tun. Sommer ist es und jede zweite Frau schaut einen an. Man entkommt nur schwer den Blicken der anderen Menschen.

Zu Lucas Entschuldigung kann nur gesagt werden, dass nach seiner Arbeit nicht viel Zeit übrig blieb. Lucas arbeitet in einem Kraftwerk in der Stromerzeugung und das in drei Schichten, da bleibt wenig Zeit für anderes. Seine Fortbildung zum Kraftwerker ist nicht ganz abgeschlossen, doch besitzt er bereits eine fertige Ausbildung als Elektriker. Beschlossen ist, dass Lucas einen Ausgleich zur Arbeit benötigt. Von seinem jüngeren Bruder Anton erfährt Lucas selbst, dass er in einem Sportstudio trainiert. Anton ist einer seiner Geschwister (Bruder), neben Anton hat Lucas noch drei Schwestern (So, Gu, Ra).

Anton ist ein kluger und sehr ehrgeiziger Mensch. Früher spielten sie oft zusammen Fußball und als Gegner war sein Bruder immer sehr unangenehm. Anton setzt sich immer Ziele und lässt sich von niemanden davon abhalten das gesteckte Ziel, auch zu erreichen. Ein ausgeprägtes Pflichtgefühl liegt ihm im Blut. Schon als Kind legt er Wert auf Gerechtigkeit und Prinzipientreue.

Lucas ist seinem Bruder in vielen Dingen ähnlich, auch Lucas setzt sich Ziele, die danach meistens erreicht werden. Doch diesen großen Willen den sein Bruder hat, den besitzt Lucas nicht. Gemeinsam haben sie, dass sie sehr stur sein können und einen ausgeprägten Sinn, für Gerechtigkeit besitzen.

In Sachen Körperpflege und Kleidung unterscheiden sie sich doch erheblich. Während Lucas die Körperpflege für eine angenehme Abwechslung hält, hält sein

Bruder nicht ganz so viel davon, sich lange mit der Körperpflege aufzuhalten. Das bedeutet jedoch nicht, dass Anton stinkt oder sogar unangenehm riecht. Dies bedeutet nur, dass sein Bruder es nicht so übertreibt, wie Lucas.

Was Lucas betrifft, genießt er es länger sich mit seinem Körper zu beschäftigen, so wird für diesen Sommer das Ziel ausgegeben, seinen eigenen Körper fit zu bekommen. Die ersten Gedanken sind gleich, etwas Fahrrad fahren und ein leichtes Hanteltraining. Schließlich geht Lucas mit diesen Gedanken ins Wochenende. Am Wochenende steht ein Besuch in der Eisdiele seines Freundes Salvatore an. Jener (S) führt gemeinsam mit seiner Mutter (X) eine Eisdiele. Freund (S) ist ein echter Italiener, er und seine Mutter (X) kommen aus Mailand. Bis dahin weiß Lucas nicht, dass Eis machen so anstrengend sein kann und, dass man dafür so wenig Geld bekommt. So wie Lucas von beiden erfährt, verdient man mit dem Eis machen nicht viel. Wohl reicht es gerade einmal zum Überleben. Beide sind sehr fleißig und überaus nett zu allen. Das Eis ist bestimmt nicht das Beste in unserer Gegend, doch in der Eisdiele treffen sich viele von uns. Gerade wenn man jemand lange nicht mehr gesehen hat, ist das echt cool in der Eisdiele. Den Kaffee, den man dort kauft, kann man gut trinken. Darüber hinaus ist die Ausstattung der Eisdiele einigermaßen modern. Betritt man die Eisdiele gibt es links und rechts einige Sitzecken, weiter hinten gibt es einen Durchgang zum Außenbereich. Dort im Außenbereich befinden sich die Sonnenschirme und die dazu passenden Tische.

Durch einen Zufall trifft Lucas am heutigen Tag seinen Bruder und einige seiner Freunde vom Sportstudio, in der Eisdiele an. Später wollen sie sogar zur Disco fahren, nach Geldern.

„Habt ihr beiden Lust mitzufahren?", „das kann noch lustig werden", werden sie gefragt! Salvatore ist Feuer und Flamme für diese Idee, Salvatore will unbedingt mitfahren. Kurz darauf als, die Entscheidung mitzufahren getroffen ist, gibt es nur noch eines zu tun, einer muss das Auto fahren. Schnell wird dieses Problem geklärt, sodass sein Freund (S) sich mehr oder weniger, zum Fahren (Auto) bereiterklärt.

Die Stadt Geldern ist nicht wirklich weit von der Eisdiele entfernt und so kommt es, dass nach circa 40 Minuten sie dort ankommen. Alles versammelt sich vor dem Eingang der Disco, als dort das übliche Gedrängel anfängt. Die Devise lautet sofort: Anstellen und hoffen das noch Platz frei ist.

Zur Disco zu fahren fand Lucas früher nicht unbedingt cool wegen der Lautstärke, die da herrscht, die nicht gerade zum Plaudern einlädt.

Eine schöne Disco mit vielen Sitzmöglichkeiten und kleinen grünen Oasen und jede Menge junger Menschen. Heute Abend ist es besonders laut und man kann sein eigenes Wort nicht mehr verstehen.

Nachdem Lucas mehrfach auf der Tanzfläche war und das Tanzen Lucas nicht mehr zusagt, beschließt jener, sich an der Theke hinzusetzen. Um an der Theke gemütlich eine Coca-Cola zu trinken. Die Männer und Frauen vom Sportstudio befinden sich da noch auf der Tanzfläche. Nach einigen Minuten der Ruhe, plötzlich, wie aus heiterem Himmel, Lucas eines der Frauen vom Sportstudio anspricht. Damit hat Lucas selbst nun wirklich nicht gerechnet.

An der Theke ist es etwas ruhiger und die Musik ist nicht ganz so laut, ist man doch ein paar Meter von der Tanzfläche entfernt.

„Dich kenne ich", sagt die junge Frau. „Dich habe ich doch bereits in der Eisdiele gesehen!"

„Bist du nicht der große Bruder vom Anton?"

Lucas dreht sich um und schaut die junge Frau an.

„Ja sagt Lucas, bin der große Bruder."

Lucas fragt:

„Wer bist du?"

Junge Frau antwortet: „Gehöre der Gruppe Frauen vom Sportstudio an, trainiere dort wie dein Bruder auch."

# Kapitel 2

Anschließend stellt sich die junge Frau (Stella K), Lucas vor. Genauso fängt alles an. Sie wechseln miteinander einige Sätze über Sport und Allgemeines.

Später nachdem einige Zeit vergangen ist, gehen alle gemeinsam zu ihren abgestellten Autos. Verabschieden sich voneinander und wünschen sich gegenseitig eine gute Heimfahrt.

Bemerkenswert die junge Frau war sehr nett zu Lucas und offen noch dazu. Auch ist sie auf ihn zugegangen.

„Eine sehr interessante junge Frau, darüber hinaus sieht Frau (K) sehr sportlich aus", denkt Lucas.

Das Wochenende über hat Lucas eine Menge zu tun so, dass Lucas keine weiteren Gedanken an diese schöne Begegnung mehr hat. Die Woche darauf meldet sich Lucas in dem gleichen Sportstudio an, wo sein Bruder Anton und diese unbekannte junge Frau (K) trainieren.

Wichtig zu wissen ist, das Sportstudio liegt in einem Vorort von Krefeld. Nebenbei ist es nicht das größte Studio, bezogen auf die Fläche und bezogen auf die Anzahl junger Menschen, die dort trainieren. Gut ausgestattet mit vielen unterschiedlichen Geräten und einen Inhaber (R), der außerdem ein guter Freund des Bruders (A) ist. Hier gehen viele junge Menschen hin um einfach nur, einen Ausgleich zur ihrer täglichen Arbeit zu haben. Die wenigsten von ihnen haben sich so hohe Ziele gesteckt, wie Bruder Anton.

Jener trainiert mehrfach in der Woche, wenn es denn sein Schichtplan zulässt. Bruder Anton arbeitet als Chemielaborant in einem großen Chemiewerk.

Am Tag der Anmeldung, im Sportstudio, werden Lucas sofort einige Tipps, mit auf den Weg gegeben. Inhaber (R) und Freund seines Bruders kümmert sich, persönlich um ihn. Gibt ihm Tipps bezüglich Getränke und Snacks, die man beim Inhaber erhalten kann.

Man sieht von ihm nicht nur den Gewichtheber und Sportler, sondern auch seine anderen tollen Eigenschaften, die er ohne Zweifel hat. Gut gebildet, humorvoll, intelligent und immer sehr hilfsbereit.

Wenig später auf eine Anfrage von Lucas, bekommt er selbst endlich, seinen ersten Trainingsplan. Vom ersten Trainingsplan darf man, aber nicht allzu viel erwarten. Lucas ist blutiger Anfänger und so bekommt Lucas einen Trainingsplan, der ihn selbst, am Anfang nicht überfordert. Die Übungen sind recht einfach gehalten und die Angaben über die Gewichte im Trainingsplan, sind für Anfänger gut geeignet. Zuallererst geht es für ganze 15 Minuten auf das Fahrrad und anschließend stehen einige Übungen mit kleinen Hanteln an, die ein Gewicht von 2,5 Kilogramm besitzen. Hierbei kommt es nicht auf das Gewicht der Hanteln an, sondern viel mehr auf die Wiederholungen, die damit geleistet werden.

An seinen ersten Trainingstag übertreibt Lucas es etwas, die Motivation mehr als nötig zu machen ist, einfach zu groß. Die Rechnung folgt kurz darauf am nächsten Tag. Lucas selbst hat einen Muskelkater, den er selbst in der Art, nicht erwartet haben würde. Wahrscheinlich trainierte er für den ersten Trainingstag einfach zu schnell und zu hart.

Das Aufwärmen kürzte er auch etwas ab, vielleicht ist das, die Ursache für den Muskelkater. Der Inhaber des Sportstudios hatte uns gewarnt, richtiges Aufwärmen sei das A und O beim Sport. Vielleicht ist es nur, die fehlende Fitness.

Jedenfalls fängt Lucas, am nächsten Tag mit seiner Nachtschicht Woche an und das mit einem Muskelkater. So was braucht kein Mensch, aber so etwas ist ihm bis dahin, auch noch nicht passiert. Nach der Nachtschicht Woche geht Lucas wieder trainieren. Der Muskelkater ist weg und er hat sich fest vorgenommen dieses Mal es nicht, wieder zu übertreiben. Lucas kommt im Studio an, doch es riecht nach Schweiß und Adrenalin. Andere Wörter hierfür sind, warm und muffig. Das ist eben der große Nachteil eines kleinen Sportstudios. Durch die fehlende Anzahl ausreichender Fenster bekommt man eben nicht, die gewollte Menge frischer Luft hinein, die ausreichend wäre. Das trotz einer weit aufstehenden Eingangstür.

„Na gut denkt sich Lucas, da müssen heute alle etwas mehr schwitzen."

Der Plan sieht vor, zuerst mit dem Aufwärmen anzufangen und anschließend 15 Minuten mit dem Fahrrad zu fahren. Zwischendurch wird die eine oder andere kleine Trinkpause gemacht. Zuerst geht es auf das Fahrrad für ungefähr 15 Minuten und danach werden einige Übungen mit den kleinen Hanteln mit einem Gewicht, von 2,5 Kilogramm gemacht. Anschließend geht es weiter mit den Übungen der Langhanteln.

Am heutigen zweiten Tag macht Lucas alles etwas gelassener und versucht es nicht wieder zu übertreiben. Nachdem Lucas mit dem Kurzhanteln Training fertig ist, geht Lucas in einen kleinen Raum nebenan. Nebenan kann man nämlich die Übungen mit den Langhanteln machen. Doch als Lucas den Raum betritt, ist da jemand, sehr fleißig mit der Langhantel am trainieren.

„Die junge Frau (K) von der Disco", denkt Lucas sich.

Auch hat die junge Frau eine schöne, enge und kurze Sportkleidung an, bestehend aus einem Oberteil und einer kurzen Hose.

Beide begrüßen sich mit einem:

„Hi", „Hallo" und „Na".

Kurz darauf kommen beide ins Gespräch. Dabei geht es um die Menge der Einheiten, die man bei jeder Übung macht und um die Kilogramm Angabe bei den Gewichten, die man benutzt.

„Wau", „ganz schön viel Gewicht", sagt Lucas.

Stella (K) antwortet: „Ja, von nichts kommt leider nichts." Sie tauschen noch einige Sätze über gewisse Übungen aus und wie man diese Übungen macht. Danach macht jeder die Anzahl von Übungen, die er machen muss. Anschließend folgt eine gemeinsame kurze Pause an der Theke, wo sie Getränke und Sportriegel zu sich nehmen. Nach der kleinen Pause fahren sie mit dem Training fort. Treffen sich hier und da noch bei den Geräten, gesprochen haben sie am heutigen Tag, nicht mehr miteinander. Gleich als Lucas mit den Übungen fertig ist, geht er duschen. Nach dem Duschen wird sich von Stella (K) verabschiedet und Lucas sagt:

„Wünsche dir noch einen schönen Tag."

Stella erwidert: „Den wünsche ich dir auch, einen schönen Tag."

Danach dreht sich Lucas um und fährt nach Hause. Anschließend fährt Lucas erst drei Tage später wieder ins Sportstudio, das ist der Rhythmus den Lucas einschlägt.

Er muss unbedingt den Muskeln etwas Zeit geben sich zu formen. Natürlich gibt es Leute im Studio, die häufiger oder weniger als Stella und Lucas trainieren. Am heutigen Tag trifft Lucas die junge blonde Frau (K) nicht an, die junge blonde Frau hat wohl am heutigen Tag später als Lucas trainiert.

Freund (D) begleitet Lucas zum Training und unterstützt Lucas etwas moralisch. Selbst ist Freund (D) nicht sehr sportlich, bemüht sich aber sehr.

Wie ist Kumpel (D) eigentlich?

Nun er sieht in jeden die Konkurrenz. Hat oft bei Frauen nicht wirklich Glück, das Gegenteil ist der Fall.

Lucas und Freund (D) sind viel zusammen die Computer und Spiele sind ihre Gemeinsamkeiten. Nach dem Training wird beschlossen der jungen Frau (Stella K) im Sportstudio eine Nachricht zu hinterlassen.

Der Inhaber des Sportstudios, der gleichzeitig auch der Trainer von Lucas ist, nimmt folgende Nachricht für Stella (K) auf:

„Lucas war hier und würde sich sehr über einen Rückruf von dir freuen."

„Die Telefonnummer lautet: 0 2 1 5 1, Grüße Lucas."

So oder so ähnlich lautet der Text. Wenige Tage später bekommt Lucas, am Nachmittag einen Anruf. Die junge Frau (K) ist am Telefonhörer, sie fragt Lucas:

„Ist das wahr?", „der Inhaber (R) des Sportstudios hat mir eine Nachricht zukommen lassen von dir Lucas und deinem Freund (D)."

Lucas sagt: „Ja das stimmt."

Nach einer kurzen Pause am Hörer fängt sie an zu lachen und fragt:

„Was möchtest du?"

# Kapitel 3

Lucas antwortet: „Würde dich gerne wiedersehen und das nicht immer dem Zufall überlassen." Er fügt noch hinzu: „Ob wir nicht in der nächsten Woche gemeinsam zusammen trainieren können?"

Lucas bekommt eine positive Antwort und die junge Frau sagt:

„Was mich angeht, freue ich mich schon darauf."

Schließlich nach einigen kurzen Sätzen beenden beide das nette Gespräch. Lucas ist sehr froh diesen Anruf erhalten zu haben, aus verschiedenen Gründen. Zum einen, weil er jetzt eine Trainingspartnerin hat und weil er sie für sehr sympathisch hält. Lucas erste Gedanken nach diesem Gespräch sind sehr positiv und Lucas ist gleich aufgefallen, dass sie eine sehr angenehme Stimme hat. Es ist nicht nur ihre Stimme, sondern die Art wie sanft sie bei Lucas ankommt.

Die Nachricht von dem Rückruf bekommt Kumpel (D) erst Tage später mit, er sieht beide bereits nach nur einem Telefonat, als ein Paar. Lustig ist diese Vorstellung schon, aber nur wenig realistisch. Freund (D) verkuppelt gerne Menschen miteinander nur, gerade an dieser Stelle erscheint Lucas das ein Stückweit zu früh.

Lucas hat ganz andere Gedanken und diese beziehen sich mehr auf eine gute Freundschaft und auf ein erfolgreiches trainieren miteinander. Wie sich später herausstellt ist, das gemeinsame Trainieren für beide sehr vorteilhaft. Lucas lernt das richtige Atmen und das richtige Aufwärmen vor dem Training. Zwischendurch gibt Stella (K) Lucas noch einige Ernährungstipps, die Lucas mehr als gut empfindet. Die Nahrung einer Sportlerin oder eines Sportlers ist anders als bei Nichtsportlern.

Ganz nebenbei hat Stella am ersten Tag der Begegnung mit Lucas in der Disco, Lucas, am letzten Tag als aktiven Raucher erlebt. Das kommt Lucas beim Training zugute, Lucas hat dadurch weniger Atemnot und weniger Rauch Pausen.

Laut eigener Aussage hat Stella nie eine Zigarette geraucht, sie hält nichts vom Rauchen. So wie Lucas später von ihr erfährt rauchen ihre Eltern (M, M) und ihre größere Schwester (M) auch.

In der Zwischenzeit macht Lucas bezüglich der Fitness einige Fortschritte, auch kann er besser und länger atmen. Außerdem lernt

Lucas neue Leute kennen, unter anderem eine Bekannte (D) seiner Trainingspartnerin Stella (K). Nach einigen Monaten des gemeinsamen Trainings kommen sie mit einigen Menschen zusammen.

Nachdem ungefähr zwei Monate vergangen sind beschließen, die Bekannte (D) und seine Trainingspartnerin Stella (K). Zusammen mit Lucas am darauf folgenden Wochenende, zwecks gemeinsamen Tanzen und Plaudern, nach Düsseldorf zu fahren. Irgendwie haben die drei eine Art Dreierbeziehung aufgebaut im Sinne von, die Zeit gemeinsam zu verbringen.

Das folgende Wochenende ist schnell da und Lucas hat noch einige Dinge zu erledigen. So fährt Lucas mit seinem Wagen zuerst durch die Waschstraße und führt außerdem noch, eine komplette Innenreinigung seines Autos durch. Fenster, Cockpit und Fußmatten werden gereinigt. Nach anderthalb Stunden (90 Minuten) ist das Auto fertig, so fängt Lucas mit seinem Körper an, ihn auf Hochglanz zu bringen. Das übliche, wenn man eine Verabredung mit zwei wunderschönen Frauen hat. Eigentlich hat sich Lucas, die Woche über mit Freund (D) für Samstag verabredet, aber am selben Samstag erhält Lucas, eine Absage von ihm. Da Freund (D) kurzfristig Damenbesuch bekommt. Lucas muss alleine zu einer Verabredung mit zwei schönen Frauen.

Gleich nachdem Lucas seinen Körper auf Hochglanz brachte, fuhr Lucas Richtung Sportstudio. Das Treffen am Sportstudio hatten sie ausgemacht. Am Sportstudio angekommen, steht aber nur eine der beiden Frauen da. Die Trainingspartnerin Stella (K) ist es. Lucas schaut sie fragend an und fragt: „Wo ist die Frau (D)?"

Stella antwortet:

„Wir müssen sie Zuhause abholen, es ist nicht weit von hier." „Wo ist dein Freund (D)?", „kommt der heute nicht?", fragt Stella.

„Nein", „der hat bereits eine Verabredung", antwortet Lucas.

Die zwei steigen ins Auto und fahren ihre Freundin abholen. Doch als beide bei ihrer Freundin ankommen, ist ihre Freundin (D) noch mit ihren Haaren beschäftigt. Nach einigen Minuten kann es doch noch losgehen. Mit einem roten BMW (320i) fahren sie über ein Stück Autobahn nach Düsseldorf, der BMW gehört Lucas. Diesen BMW hat Lucas sich vor einigen Jahren zugelegt und er ist sehr zufrieden damit.

In der Stadt Düsseldorf angekommen geht es sofort darum einen Parkplatz zu finden, der nicht ganz so weit entfernt von der Disco, bzw. dem Papp ist. Nach einigen Minuten findet Lucas ein Parkhaus, dass ganz nah zur Altstadt liegt. Am heutigen Tag herrscht Hochbetrieb, daher muss er den Wagen ziemlich weit oben im Parkhaus abstellen. Ziemlich die letzten sind sie, die dort noch einen Platz finden. Gleich nach Verlassen des Parkhauses, machen sie sich auf die Suche nach einem sogenannten `Tanzschuppen`.

Ist eine Mischung aus einem Tanzclub und einer Diskothek. Gerade dort angekommen suchen sie gleich eine Sitzecke aus, direkt neben der Tanzfläche. Die richtige Zeit ist es, da der Laden noch nicht überfüllt ist. Sie setzen sich hin und bestellen ihre Drinks. Lucas selbst bestellt sich eine Coca-Cola, etwas ohne Alkohol, da er selbst noch zurückfahren muss. Die beiden Frauen bestellen eine Coca-Cola oder Fanta. Nach einigen Minuten des Zuschauens und des Plauderns gehen sie gemeinsam auf die Tanzfläche.

In der Zwischenzeit hat sich der Club gefüllt und so kommt es, dass eine Menge junger Menschen auf der Tanzfläche tanzen. Die Musik ist nicht unbedingt aus deren Genre, aber zum Tanzen geht es. Ein schöner Club ist es, hat eine schöne Einrichtung mit viel Holz und ist dabei nicht zu Bunt. Nachdem sie die Tanzfläche verlassen und in ihrer Ecke ankommen sind, werden erst einmal neue Getränke bestellt. Das Tanzen macht einen durstig und außerdem ein wenig müde. Nach einigen Liedern kann Lucas einfach nicht mehr, es sind zu viele Menschen gleichzeitig auf der Tanzfläche. So eine große Menge Leute auf kleinen Raum, das mag er selbst doch nicht. Obendrein die Musik recht laut und immer noch gehört die Art von Musik nicht zu ihrem Genre.

Nach einiger Zeit des Plauderns ihre Bekannte (D) wieder tanzen will, doch seine

Trainingspartnerin Stella (K) und Lucas nicht mit auf die Tanzfläche gehen wollen.

Daraufhin beschließt Bekannte (D) alleine tanzen zu gehen.

Stattdessen plaudern die zwei, über das Eine und das Andere. Plötzlich nach einiger Zeit seine Trainingspartnerin Stella einen Kugelschreiber herausholt und auf einen Bierdeckel ihren kompletten Namen und ihre Telefonnummer aufschreibt. Anschließend sagt Stella:

„Ruf mich doch bitte mal an, so können wir etwas quatschen oder gemeinsam etwas unternehmen."

Lucas antwortet:

„Ja gerne, das machen wir bestimmt."

Stella hat die Situation ausgenutzt da sie gerade alleine sind, um ihm ihre Telefonnummer, welche sich auf den Bierdeckel befindet, zu überreichen.

„Kein so schlechter Schachzug", denkt sich Lucas.

Ab diesem Moment ändert sich die Situation schlagartig. Die Frau mit dem K im Namen, also seine Trainingspartnerin Stella (K), hat eine Entscheidung getroffen. Das Feld nicht ihrer Konkurrentin (D) zu überlassen.

„Gutes Timing", denkt Lucas sich.

Da kommt auch schon Bekannte (D) von der Tanzfläche zurück. Ihre Bekannte hat die Situation noch nicht ganz begriffen. Der Kampf um den Herrn Lucas ist quasi fast entschieden.

Für etwa eine Stunde unterhalten sie sich noch und danach fahren sie wieder zum Sportstudio zurück. Auf der Rückfahrt ist eine komische Stimmung im Auto, beide Frauen überschlagen sich mit Aussagen darüber, wie schön es doch gewesen sei.

# Kapitel 4

Lucas kommt es ein bisschen so vor, als wenn gerade ein kleiner Wettkampf stattfindet, wer an dieser Stelle schweigt, hat bereits aufgeben. Irgendetwas muss Lucas nicht mitbekommen haben, ist doch eine kleine Schlacht entbrannt um die `Poleposition' (Beste Platzierung).

Schließlich lassen sie Bekannte (D) an ihre Haustüre heraus.

Verabschieden sich von ihr:

„Wünschen dir ein tolles Wochenende", sagen Stella und Lucas.

Anschließend fahren Lucas und Stella zum Sportstudio zurück. Auf dem Weg zum Sportstudio spürt Lucas eine gewisse

Erleichterung in ihrem Gesicht. Für diesen Abend ist Stella ihre Konkurrentin losgeworden. Sie reden nicht mehr viel miteinander, vielleicht weil sie einfach nur froh sind für eine kurze Zeit, allein zu sein. Lucas lässt sie am Sportstudio heraus und verabschiedet sich von ihr:

„Wünsche dir ein schönes Wochenende", sagt Lucas.

„Wünsche ich dir auch", erwidert Stella. Doch auf der Rückfahrt nach Hause gehen Lucas einige Gedanken durch den Kopf.

„Frauen", denkt Lucas.

Lucas hat bereits davon gehört, aber dieses Verhalten glich fast einen Hahnenkampf.

„Was für eine kluge Frau", denkt Lucas noch.

Lucas ist gespannt wie die Sache mit Stella weitergeht. Das Wochenende ist vorbei und Lucas fängt mit seiner Nachtschicht Woche an. Für gewöhnlich kommt in dieser Woche

Lucas nicht dazu, zu trainieren oder Stella (K) anzurufen. In der Woche darauf hat Lucas jedoch drei Tage frei. Am Dienstag beschließt Lucas sein Versprechen, bei der jungen Frau (Stella) anzurufen, auch einzuhalten. Der Zeiger der Uhr bewegt sich gegen 18 Uhr, als Lucas beschließt sie anzurufen.

Ein paar mal klingelt es, plötzlich eine schöne Stimme fragt:

„Hallo wer ist da?"

Lucas antwortet:

„Lucas, habe dir doch versprochen dich anzurufen."„Hallo", „wie geht es dir denn?", fragt Lucas.

Stella antwortet:

„Ganz gut und das ist toll, dass du daran gedacht hast."

„Möchte nur wissen wie es dir geht und wie dir das am Wochenende gefallen hat", sagt Lucas zu ihr.

Stella antwortet:

„Das war ganz toll in Düsseldorf und wir können das gerne wiederholen."

Lucas antwortet:

„Fand es auch ganz toll." „Habe da eine Idee! Können nach dem Training zur Eisdiele fahren, mein Freund (S) besitzt in einem Vorort von Krefeld eine Eisdiele."

„Ja das machen wir", sagt Stella.

Gleich nachdem sie das besprochen haben wechseln sie ein paar Sätze über, das Wie und das Wann und danach steht ihre Verabredung.

In den darauf folgenden Wochen haben sie ähnliche Verabredungen. Manchmal treffen sich Stella und Lucas einfach am Sportstudio und fahren anschließend entweder zur Eisdiele oder nur in den Park, etwas spazieren. Draußen ist es sehr schön und die Temperaturen laden zum Spazierengehen geradezu ein. Das Eis essen in der Eisdiele ist da sehr angenehm. Irgendwann treffen sie sich mit Freund (N) in Uerdingen, das ist eine kleine Stadt und gehört auch zu Krefeld. Dort gehen sie gemeinsam spazieren.

Am heutigen Tag passiert es, endlich muss man eigentlich sagen. Den ganzen Nachmittag laufen Stella und Lucas nebeneinander her und auf einmal möchte er selbst einfach nur zeigen, zu wem er gehört. Beim Überqueren einer Straße nimmt Lucas, einfach Mal ihre Hand. Stella schaut Lucas an und macht dabei den Eindruck, als wenn sie den gleichen Gedanken gehabt haben würde. Ab sofort lässt Lucas ihre Hand nicht mehr los. Stella lächelt Lucas nur an und es ist ein Lächeln, als wenn sie es schon lange erwartet haben würde.

Lucas denkt sich:

„Irgendwie sind wir einer zu viel."

Den ersten Schritt haben sie gewagt und jetzt sind sie dicht beieinander und zeigen das jeden, dass sie zusammen gehören. Obendrein fühlt es sich gut an und sie genießen es beide. Doch als der Nachmittag vorbei ist und sie sich von Freund (N) verabschieden, beschließt Lucas anschließend sie nach Hause zu fahren. Den Weg dorthin beschreibt Stella ihm. Das ist auch nötig, denn Lucas hat sie noch nie bis zu ihrer eigenen Haustüre gebracht, das ist das erste Mal, dass sie von Lucas nach Hause gefahren wird.

Lucas sagt noch:

„Fand es richtig schön heute und es wäre vielleicht nicht falsch, wenn wir beim nächsten Mal, alleine ohne eine Anstandsdame spazieren gehen würden."

Stella lächelt und antwortet:

„Ja das wäre nicht schlecht."

„Wünsche dir noch einen guten Abend", sagt Lucas.

Stella sagt:

„Das Gleiche wünsche ich dir."

Anschließend fährt Lucas nach Hause. Auf dem Weg nach Hause gehen Lucas viele Gedanken durch den Kopf einer dieser Gedanken ist:

„Was werden Lucas und Stella wohl als Nächstes tun?"

Ein schöner Tag der jetzt langsam zu Ende geht. Die Freude auf die nächste Begegnung ist groß und die soll nicht lange auf sich warten lassen. In den darauf folgenden Tagen treffen sich Stella und Lucas beim Training im Sportstudio, aber dort sind sie nicht allein. Irgendwie suchen sie gemeinsam die Ruhe zu zweit, haben sie sich erst gerade gefunden. Schließlich eines Tages passiert es, Stella und Lucas sind verabredet und treffen sich. Eigentlich wollen sie nur spazieren fahren und wissen nicht richtig wohin. Lucas parkt am Park und fragt Stella:

„Wohin möchtest du gerne fahren?"

Plötzlich Stella mit ihren süßen Lippen, die Lippen von Lucas berührt. Das nennt man die Initiative zu ergreifen. Da ist er nun dieser magische Moment, auf den man ewig wartet. Sie genießen beide den Augenblick und es folgen weitere Küsse. Doch nach einigen Minuten schlägt Lucas vor:

„Fahre dich lieber nach Hause, es ist schon spät geworden."

Stella sagt:

„Ja danke, es ist wirklich schon spät."

Stella lächelt Lucas an und danach startet Lucas den Wagen. An ihrer Haustüre angekommen, wird sich sofort verabredet.

Wollen sich an den darauf folgende Tagen sehen.

Lucas sagt:

„Fand das heute echt schön mit dir, das hat mir gut gefallen."

Stella antwortet:

„Ja, das hat mir auch sehr gut gefallen, das müssen wir unbedingt noch einmal wiederholen."

In den darauf folgenden Wochen wird das wiederholt, dass in den Park zu fahren um zu küssen. So sind sie allein und keiner kann sie dabei stören. Sehr schön ist das und so kommen sie sich langsam etwas näher. Nach einiger Zeit wird es bei den Stella und Lucas ernst. Der genaue Zeitpunkt ist nicht so wichtig, aber das was Stella, Lucas fragt schon. Treffen sich am heutigen Tag, als plötzlich Stella fragt:

„Möchtest du nicht mit zu meinen Eltern, zum Kaffee trinken?"

Lucas antwortet:

„Gerne, dabei kann ich deine Eltern kennenlernen."

Schließlich ein paar Tage später ist es so weit,

Lucas hat ja zugesagt. Lucas beschließt noch ein paar schöne Blumen und eine Schachtel Pralinen zu besorgen. Gleich nachdem Lucas diese Kleinigkeiten besorgt hat, fährt er Richtung Haus der Eltern von Stella. Lucas klingelt und sofort wird die Tür geöffnet. Anschließend geht Lucas die Treppen rauf und da steht Stella auch schon. Stella lächelt Lucas an und sagt:

„Komm doch bitte herein."

Lucas antwortet:

„Gerne", „ja danke."

Danach geht Lucas hinein. Stella führt Lucas in einen Raum, wo ihre Eltern sich befinden. Zuerst übergibt Lucas, Stella die wunderschönen Blumen und die Pralinen, anschließend begrüßt Lucas mit einem festen Handschlag, ihre Mutter und ihren Vater.

„Guten Tag", „bin der Lucas." Sagt Lucas.

`Guten Tag`, sagen sie. `M & M' (Eltern) das sind ihre Namen.

# Kapitel 5

„Sie haben es aber schön hier", sagt Lucas zu ihnen.

„Ja danke", antworten die Eltern.

Danach dreht sich Lucas zu seiner Herzdame um und fragt sie:

„Gefallen dir die Blumen?"

Stella antwortet:

„Ja", „danke sind die aber schön."

Sofort lächelt Stella, Lucas an und beugt sich über den Blumenstrauß, um an den Blumen zu riechen.

„Die riechen aber toll und diese schönen Farben", sagt Stella.

Kurz darauf umarmt Stella Lucas und gibt ihm einen Kuss.

Anschließend weist Stella Lucas einen Platz am gedeckten Tisch zu. Während sie sich in einem Raum befinden voller schöner Dinge.

Z. B. gibt es an den Wänden einige Bilderrahmen, in denen man Fotos von Familienmitglieder und Freunden erkennen kann. Auch gibt es eine Tischlampe die aus vielen Mosaiksteinen besteht. Des Weiteren gibt es eine schöne Vitrine mit vielen Gläsern, Tassen und Tellern darin. Wenn man den Raum betritt fallen zuerst die Vorhänge auf, die in terrakottafarben an der Decke hängen. Die Möbel, die im Raum stehen, sind äußerst massiv. Der große Tisch und die vielen Stühle sind aus massiven Material, Eichenfarben und dunkel. Der Tisch ist schön gedeckt und das Service, das auf dem Tisch liegt, ist sehr gelungen. Die Tassen und Unterteller sind in Weiß und haben einen Blumenaufdruck. Lucas schaut sich gerade noch im Raum um, als sein Herzblatt Stella ihn fragt:

„Wie war dein Tag heute?"

Lucas antwortet:

„Ganz gut".

Ihre Mutter bemerkt:

„Die sind aber schön die Blumen", „und einige Pralinen hat Stella auch noch bekommen."

„Ja, es ist nur eine Kleinigkeit", erwidert Lucas.

Anschließend unterhalten sich alle nett. Die Eltern sind sehr neugierig und wollen alles von Lucas wissen. Lucas erzählt ihnen am heutigen Tag sein halbes Leben, da sie immer wieder nachfragen. Lucas erzählt den Eltern wo er arbeitet und wie viele Geschwister er doch hat.

Danach wie er ihre Tochter Stella kennenlernte und welche Bedeutung dabei Bruder Anton spielte. Die Neugier der Eltern findet einfach kein Ende und als es Lucas zu bunt wird, beschließt Lucas, lieber zu gehen. Für den heutigen Tag sind es genug Fragen. Das Fragen und Antwortspiel muss so schnell wie möglich beendet werden, Lucas steht auf und verabschiedet sich höflich von den Eltern.

Anschließend begleitet seine Alliierte Stella, Lucas noch hinaus. Lucas erkennt in ihrem Gesicht, die vollkommene Zufriedenheit darüber, es endlich geschafft zu haben. Sie fühlten sich wie auf einen Präsentierteller, das war kein schönes Gefühl.

Während beide draußen an der Eingangstür stehen, sagt Stella:

„Dass du Lucas uns heute hier besucht hast, hat mir gut gefallen." „Deine Geschenke sind so toll, dafür danke ich dir sehr."

Lucas erwidert:

„Hat mir heute auch gut gefallen und deine Erzieher sind sehr nett zu mir."

Stella lächelt Lucas an und umarmt ihn.

Danach verabschieden sie sich ganze 10 Minuten lang voneinander, aber das ist bereits normal.

Bevor Lucas fährt, wird sich für die nächsten Tage verabredet. Die Woche darauf wollen Stella und Lucas zusammen trainieren und im Park joggen gehen. Beide wollen sie mit dieser Maßnahme ihre Fitness und ihre Ausdauer steigern. Auf dem Weg nach Hause hat Lucas einige Zeit noch über, die Eltern ihrer Freundin (K) nachgedacht. Sie waren nett und haben bei Lucas einen guten Eindruck hinterlassen. Ihre gut eingerichtete Wohnung findet Lucas gut und ihm ist gleich aufgefallen, wie ordentlich und sauber alles ist. Auch die Gastfreundschaft die ihre Eltern Lucas entgegenbrachten, welche man heutzutage vergebens sucht.

In den darauf folgenden Tagen geht Lucas, mit Freundin Stella im Sportstudio trainieren.

Auch fangen sie einmal pro Woche, im Park zu joggen an.

Ein sehr schöner Park mit einigen Sitzbänken und jede Menge Bäume und Grün. Sie lieben beide die Stille die dort herrscht und den Überfluss an Sauerstoff. Dadurch, dass es dort keine Autos oder Motorräder gibt, ist es dort richtig ruhig. Sie lieben es während des joggen sich zu unterhalten. Hier sind sie ziemlich allein und niemand kann sie stören. Im Park vergessen Stella und Lucas den Alltag und den Stress. Außerdem verbringen sie so, schöne Stunden miteinander. In der Natur können Stella und Lucas ihren Akku (Körper) wieder mit Energie aufladen. Am heutigen Tag treffen sie nicht viele Menschen im Park.

Sport ist generell sehr anstrengend und darüber hinaus erfordert es von einem, eine gewisse Disziplin.

Heute laufen Stella und Lucas ungefähr eine

dreiviertel Stunde. Dabei fühlen sie sich nach nur einer dreiviertel Stunde joggen, sehr ausgeglichen und fit. Nach dem Laufen unterhalten sie sich etwas und anschließend fährt Lucas Stella wieder nach Hause. Hiermit geht für beide ein schöner und langer Tag zu Ende.

In den darauf folgenden Wochen steigern Stella und Lucas langsam das Laufpensum, der Ablauf ist aber immer konstant. Das Bedürfnis sich zu Treffen und darüber hinaus viel Zeit miteinander zu verbringen, wird immer intensiver. Sie wollen einfach mehr, immer mehr Zeit miteinander verbringen und die Zeit wo sie nicht zusammen sind, somit reduzieren. Mit der Zeit ist bei ihnen die Sehnsucht nach einem gemeinsamen Leben gewachsen.

Am heutigen Tag ganz plötzlich, bei einem Treffen mit Freundin Stella, das Thema `eigene Wohnung' zur Sprache kommt. Sie treffen sich im Sportstudio und fahren anschließend zum Park. Aber am heutigem Tag steht `joggen' gar nicht auf dem Programm. Beide wollen sich nur die Füße vertreten und zusammen etwas Zeit miteinander verbringen. Da plötzlich seine Freundin Stella Lucas auf das Thema `eigene Wohnung' anspricht.

„Hör mal Lucas wie stellst du dir eigentlich unsere Zukunft vor?", fragt Stella.

Lucas antwortet:

„Nun ich denke wir werden zusammen alt werden uns so."

„Ja, nein", sagt Stella. „Meine doch unsere nahe Zukunft im nächsten Jahr zum Beispiel."

Lucas zuckt nur mit seinen Schultern und ahnt nicht was jetzt passieren wird.

„Hast du nicht Lust irgendwann mit mir in eine gemeinsame Wohnung zu ziehen?", fragt Stella.

„Hmm", sagt Lucas. „Ja, doch, wenn wir nur schon eine gemeinsame Wohnung haben würden."

Stella erwidert:

„Du hast nichts dagegen, wenn wir uns um eine gemeinsame Wohnung umschauen?"

„Nein natürlich nicht, aber es sollte schon etwas Vernünftiges sein", sagt Lucas.

Stella lässt aber nicht locker und bohrt immer wieder nach.

Am Ende des Tages haben Stella und Lucas für das Projekt `eigene Wohnung', eine gemeinsame Lösung gefunden. Sie haben ausgemacht sich gemeinsam, um eine eigene Wohnung zu bemühen und es später ihren Eltern schonend beizubringen. Das Thema Eltern ist ihnen besonders wichtig, da sie ihre Eltern lieben und ihnen nicht vor dem Kopf stoßen wollen. Der Zeitpunkt ist gekommen das Elternnest (Elternhaus) zu verlassen und ein eigenes Nest (Haus, Wohnung) zu bauen. Um eine eigene Familie zu gründen. Beide sind sie noch jung und sehr unerfahren, aber sie wissen was sie nicht mehr wollen. Nicht mehr voneinander getrennt zu sein.

Heute sprechen Stella und Lucas über gewisse Konsequenzen, die dadurch entstehen, wenn man zusammen zieht. Das Thema Geld auch zur Sprache kommt, junge Paare haben für Eigentum selten Geld und bei ihnen ist das nicht anders. Außerdem führen sie ein sehr emotionales und dazu sehr intensives Gespräch miteinander. Am Ende des Tages sind sie aber sehr froh darüber, eine gemeinsame Zukunft aufbauen zu wollen. Sie lieben sich sehr und mögen es nicht, unterschiedlicher Auffassung oder gar unterschiedlicher Meinung zu sein. Streit zwischen ihnen gibt es keinen und wenn sie Mal anderer Meinung sind, suchen sie immer, nach einer gemeinsamen Lösung.

# Kapitel 6

Später liegen sie sich in den Armen und halten sich ganz doll fest. Alleine der Gedanke endlich ein eigenes Zuhause zu haben und nicht mehr Treffen ausmachen zu müssen, gibt beiden ein sehr gutes Gefühl.

Ein Plan musste her, ein Plan der alle möglichen Kosten und Termine enthielt, die eingehalten werden mussten. Generell war eine Wohnungssuche nichts Ungewöhnliches, trotzdem gab es hierbei einige Punkte zu beachten. Zum einen die Wohnungsgröße, die Lokalität der Wohnung, Anbindung an Schulen, Ärzten, Supermärkten, Banken und Postämter et cetera. Eine komplette Liste von

Fragen bezüglich der neuen Wohnung die zu beachten waren:

Will man alleine oder mit anderen zusammen wohnen?

Wie groß soll die Wohnung sein?

Lieber im Erd- oder im Dachgeschoss?

Mit Balkon, Terrasse oder Garten?

Braucht man einen Keller?

Benötigt man eine Garage oder einen Stellplatz für das Auto?

Soll die Wohnung eine Einbauküche haben?

Soll das Bad mit Wanne sein?

Möchte man ein Haustier halten?

Wie hoch sind Miete und Nebenkosten?

Wie hoch ist die Kaution?

Was braucht man in der nächsten Umgebung? (Einkaufsmöglichkeit, Verkehrs-Anbindung).

In den darauf folgenden Tagen durchsuchen Stella und Lucas, die Lokalpresse nach einer geeigneten Wohnung. Unabhängig voneinander suchen sie nach der Wohnung und koordinieren per Telefon, die einzelnen Wohnungsbesichtigungstermine miteinander ab. Sie haben bereits einige Besichtigungen hinter sich gebracht und die ein oder andere Pleite erlebt.

Ganz unerwartet eines Tages eine Einladung zur Wohnungsbesichtigung eintrifft. Sie vereinbaren einen Termin für eine Wohnungsbesichtigung, die außerdem sehr vielversprechend klingt. Leider haben sie bereits einige Absagen erhalten auch die ein oder andere Wohnung besichtigt. Sie gehen deshalb mit einer geringen Erwartung an die Sache ran. Wollen sich nur schützen um später nicht eine große Enttäuschung verdauen zu müssen.

Heute treffen sich Stella und Lucas mit dem Eigentümer der Wohnung, zwecks

Besichtigung, vor dem Gebäude in dem die Wohnung liegt. Ein älterer Herr, der sie nett begrüßt und empfängt. Es ist ein großes mehrgeschossiges Gebäude mit vielen Parteien. Ein Aufzug befindet sich auch in diesem Gebäude, mit dem sie in die siebte Etage fahren. Dort in der siebten Etage angekommen führt der Eigentümer sie in die Wohnung. Eine zwei Zimmer Wohnung mit einem kleinen Badezimmer, einer Küche, einem Schlafzimmer, Wohnzimmer Bereich und einen sehr langen Balkon.

Gleichzeitig ist es die bisher schönste Wohnung, die Stella und Lucas bis hierhin gesehen haben, doch sie befindet sich in der siebten Etage! Die Partnerin Stella ist Feuer und Flamme für die Wohnung und gedanklich richtet Partnerin Stella ihre zukünftige Wohnung bereits ein. Nach geschätzten 15 Minuten erteilen Stella und

Lucas die Zusage, die Wohnung anzumieten. Sofort wird ein Termin für die Übergabe der Schlüssel und der beider Unterschriften des Mietvertrags vereinbart. Ein besonderes Gefühl ist es, seine erste Wohnung besichtigt zu haben. Ein Gefühl des Glücks und des Aufbruchs, das beide überkommt. Nachdem sie das Gebäude verlassen und sich von ihrem zukünftigen Vermieter verabschiedet haben, fangen sie an die Vorteile und die Nachteile dieser Wohnung zu besprechen. Sind sie sich einig darüber, dass es die schönste Wohnung ist, die sie bis hierhin sich angeschaut haben. Gedanklich richten sie ihre zukünftige Wohnung ein und spielen dabei gewisse Szenarien durch.

Die Gedankenspiele sind toll und sie zeigen eine gewisse Kreativität, bezüglich der Einrichtungsmöglichkeiten ihrer zukünftigen Wohnung. Sind sehr aufgewühlt und schmieden den einen oder anderen Plan miteinander. Das soll nun ihre erste gemeinsame Wohnung werden und sie wollen sie so hübsch wie möglich einrichten. Am heutigen Tag sprechen Stella und Lucas noch lange darüber, wie und wann sie etwas unternehmen wollen. Haben sie doch viele Ideen, aber es gilt einen kühlen Kopf zu behalten und so wenig Fehler wie möglich zu machen. Der heutige Tag bedeutet ihnen sehr viel und er geht dementsprechend auch sehr spät zu Ende.

An den darauf folgenden Tagen sind sie oft zusammen und erledigen das ein oder andere an Vorbereitung. Besuchen Möbelhäuser und Baumärkte. Sammeln jede Menge Ideen und ihrer Fantasie sind keine Grenzen gesetzt. Wissen sie, dass der Vertrag noch nicht unterschrieben ist und können deshalb auch nicht viel einkaufen. Sind ihre finanziellen

Mittel doch begrenzt, geben deshalb anfangs nur wenig Geld aus. Trotzdem planen sie fleißig weiter. Machen sich Gedanken über den anstehenden Umzug und über die Menschen, die ihnen dabei helfen sollen. Freunde und Familienmitglieder sollen sie tatkräftig unterstützen. Da es ihre erste Wohnung ist, wollen sie so wenig wie möglich falsch machen. Ein gewisses Organisationstalent haben Stella und Lucas bereits, aber es ist noch zu früh um das Talent auszuleben. Machen sich Gedanken über den anstehenden Mietvertrag und die damit verbunden möglichen Fallen. Genau gesagt haben sie keine Ahnung was sie erwartet und dementsprechend gutgläubig gehen sie die Sache an. Solche Dinge wie: Kündigungsverzicht, hohe Betriebskostenpauschale, Staffelmieten, echte Wohnungsgröße, geduldeten Mängeln,

Kleinreparaturklauseln und zusammen Mieten. Sind ihnen völlig fremd. Das sind alles Dinge womit sie einige Jahre später erst zu tun bekommen.

Sind beide nicht gerade dumm, aber etwas zu jung und unerfahren. Vielleicht ein bisschen blind. Wünschen sich die Wohnung so sehr, dass sie vergessen kritisch das Ganze zu beurteilen.

Endlich nach 14 Tagen der Termin zur Unterschrift des Mietvertrags ansteht. Gemeinsam fahren Stella und Lucas zum Haus ihres zukünftigen Vermieters. Sind sehr aufgeregt und wollen diesen Akt einfach nur hinter sich bringen. Werden von ihrem zukünftigen Vermieter nett empfangen. Ein nettes älteres Ehepaar, das in einem Gebäude vor ihrer zukünftigen Wohnung wohnt. Gleich nach einer kurzen Unterhaltung geht es schnell zur Unterschrift des Mietvertrags.

Nach der Übergabe der Schlüssel und unterschriebenen Mietvertrag, verabschieden sie sich von ihrem Vermieter. Nett sind sie zu ihnen und sie freuen sich endlich neue Mieter gefunden zu haben. So wie Stella und Lucas haben, die Vermieter auch, die ein oder andere schlechte Erfahrung mit Mietern gemacht. Sind endlich Mieter einer eigenen Wohnung, die erste Hürde ist somit genommen. Nun geht es darum die Wohnung zu renovieren und passende Möbel dafür zu kaufen. Endlich ist der Zeitpunkt gekommen die ganzen Planungen in die Tat umzusetzen. In den darauf folgenden Monaten sind Baumärkte und Möbelhäuser, ihre besten Freunde. Einige Freunde und Familienmitglieder sollen ihnen bei der anstehenden Renovierung kräftig helfen. Die neue Wohnung ist zwar nicht groß, sie hat gerade einmal 70 m². Für den Anfang und für nur zwei Personen ist sie jedoch groß genug. In den darauf folgenden Monaten wird fleißig renoviert. Sind beide berufstätig und so renovieren sie in ihrer Freizeit. Nein Freizeit haben sie eigentlich keine mehr, denn es müssen viele Dinge organisiert und anschließend auch umgesetzt werden. Wie bereits erwähnt sind Stella und Lucas berufstätig und diese doppelte Belastung sollen sie schnell spüren.

# Kapitel 7

Es geht ihnen einfach nicht schnell genug und sie wollen alles an einem einzigen Tag erledigen. Für beide ist es eine sehr schöne, aber auch eine recht anstrengende Zeit. Da Stella und Lucas am Anfang sich noch nicht so viele Möbel leisten können, beschließen sie ihr Auto (BMW), gegen einen Polo (VW) umzutauschen. Der Tausch gelingt bei einem der vielen Gebrauchtwagen Händler ganz gut. So bleibt sogar Geld für ein paar Möbel übrig. Sie müssen unbedingt lernen mit weniger Geld auszukommen, das ist gleichzeitig auch ihre erste Lektion. Ihre zweite Lektion ist bald darauf es nicht alles auf einmal zu kaufen, dazu Zahlungen in den nächsten Monaten zu verschieben. Keine Finanzgenies sind sie, Partnerin Stella ist Kauffrau im Einzelhandel und Lucas ist Heizer im Kraftwerk. So lernen sie mehr oder weniger besser, mit Geld umzugehen. Irgendwann kommt der Tag, an dem sie sich von ihren Eltern verabschieden. Für alle Beteiligten ist das kein so schöner Tag, aber es soll kein Abschied für immer sein. Lucas muss diesen Schritt machen, um sich ein Stück- weit weiter zu entwickeln und etwas selbständiger zu werden. Vor allem aus Liebe zu seiner Lebenspartnerin, auch um seine Zukunft selbst zu gestalten.

Am heutigen Tag, tatsächlich Stella und Lucas in ihre Wohnung einziehen, gleichzeitig ist die Wohnung ziemlich kalt und noch völlig leer. Haben sich ein paar Bettmatratzen gekauft und diese auf dem Boden im Wohnzimmer ausgelegt. Die erste Nacht in der Wohnung ist etwas ganz Besonderes und obwohl ihre Wohnung noch unfertig ist, genießen sie es dort zu sein. Das Wichtigste war bereits da und das waren sie beide. Sind sie noch lange nicht fertig mit der Einrichtung, haben aber das Allernötigste bereits vorliegen. Besitzen die Liebe und die Geborgenheit und ein warmes Plätzchen zum Schlafen. Endlich sind Stella und Lucas an ihrem Ziel angekommen, zusammen zu sein und nie wieder per Telefon Verabredungen auszumachen. Jetzt erst lernen sie sich richtig kennen und wertschätzen. Schnell wird ihr Vertrauen, ihre Liebe und ihre Zuneigung zueinander ausgebaut. Schön den anderen bei sich zu wissen und täglich sich auszutauschen. Ist etwas anderes mit jemanden sein Bett zu teilen, als nur ein wenig mit dem Freund (ihm, ihr) sich zu küssen. Kein großes Geheimnis ist es, dass Stella und Lucas so ihre sexuellen Kenntnisse erweitern.

Das sind bei weitem nicht die einzigen Kenntnisse, die sie erweitern. Wenn man jung ist, lernt man fast jeden Tag etwas Neues dazu und wenn man jung ist und zu dem noch in einer Beziehung, ist das nicht anders. Beide machen ganz bestimmt den einen oder anderen Fehler, doch ohne Fehler lernt man nichts hinzu.

Monate später laden Stella und Lucas z. B. ihre Eltern zum Kaffee ein, obwohl die Wohnung noch gar nicht fertig eingerichtet ist. Vielleicht ist es ihr schlechte Gewissen gegenüber ihren Eltern, was beide so plagt. Zumindest können ihre Eltern sehen, dass sie sie immer noch lieben und sie außerdem nicht vergessen haben. In den nächsten Wochen und Monaten besuchen Stella, Lucas und die Eltern sich gegenseitig. Das geht immer abwechselnd. Einmal bei ihnen und einmal bei ihren Eltern. Nach ungefähr einem Jahr meckert niemand mehr über ihre Wohnung, denn ab da passt kein Möbelstück mehr hinein. Haben sie vielleicht für die Einrichtung der Wohnung länger gebraucht als andere, das war aber beiden völlig egal. Beide sind berufstätig und haben kaum Freizeit, außerdem kaufen sie nur Möbel ein, wenn tatsächlich auch, das Geld vorhanden ist. Viele junge Menschen verschulden sich bei ihrer ersten Wohnung, bei ihnen ist das nicht so. Die Maschinen werden erst gekauft, wenn das Geld vorhanden ist.

Wenig später wird sogar ein Haushaltsbuch eingeführt, darin werden alle Einkünfte und Ausgaben eingetragen. Lucas lernt schnell die Vorteile eines solchen Haushaltsbuchs, damit verliert man nie den Überblick über, die gemeinsamen Finanzen. Haben sie dank des Möbelhaus Ikea eine Menge Geld gespart, weil junge Familien sich bei Ikea günstiger einrichten können. Die Möbel und Accessoires von Ikea sind recht günstig und von der Qualität her ganz ordentlich. Müssen beide jedoch mehrmals nach Ikea fahren, da sie nur einen kleinen Polo (VW) fahren und sie damit nicht viele Möbel transportieren können. Ungefähr nach einem Jahr ist ihre Wohnung komplett eingerichtet und was noch viel wichtiger ist, sie ist eingerichtet, ohne Schulden aufgenommen zu haben. Die Möbel und Maschinen gehören beiden. Bis hierhin ist fast alles glatt gelaufen und beide haben ihr eigenes kleines, gemeinsames Reich aufgebaut.

Plötzlich eines Tages ohne jedes Anzeichen passiert es, Stella und Lucas wohnen da bereits zwei Jahre in ihrer gemeinsamen Wohnung. Lucas kommt wie gewöhnlich von der Frühschicht nach Hause, wo er seine Lebensgefährtin heulend antrifft.

„Was hast du Stella?", fragt Lucas.

Stella antwortet:

„Mir ist nicht gut und glaube mich mit Blut angesteckt zu haben."

Danach heult sie weiter.

„Mit was für Blut denn?" „Wo hast du dich nur angesteckt?", „und bei wem?", fragt Lucas.

Erst einmal eine Stille und schließlich antwortet sie:

„Eine Kundin von mir hat sich an einen ihrer Finger geschnitten und so gab ich ihr ein Pflaster."

„Verstehe nur Bahnhof und wie und vor allem, mit was hat Stella sich angesteckt?" Denkt Lucas.

Versucht seine Lebensgefährtin etwas zu beruhigen, doch es gelingt ihm kaum. Er selbst kommt von der Frühschicht und hat eine schwere Schicht hinter sich. Lucas fehlt ein wenig die Konzentration und ein Stück- weit die Geduld. Macht sich erst einmal etwas zu Essen, anschließend befasst er sich intensiver mit seiner Lebensgefährtin. Stella hat inzwischen aufgehört zu heulen, sieht für Lucas aus, als wenn sie dauernd über etwas nachdenkt.

Lucas will jetzt bei ihr sein und sie beruhigen. Stella macht einen sehr ängstlichen Eindruck auf ihn. Außerdem ist sie sehr Müde, will nur noch schlafen, er soll sie einfach nur in Ruhe lassen. Also entspricht Lucas ihren Wunsch und lässt sie schlafen.

Am nächsten Morgen geht Lucas ganz normal zur Frühschicht, doch mittags als Lucas wieder Zuhause ankommt, trifft er sie wieder heulend an. Stella ist völlig außer sich und er bekommt es mit der Angst zu tun. Versucht sie zu beruhigen, aber sie will nicht und spricht dauernd über das Blut.

„Sie hat sich mit Blut angesteckt und das ganz bestimmt sogar und nun ist sie schwer krank."

Hysterisch wird Stella und bekommt einen richtigen Anfall. Lucas ist fassungslos und erkennt seine eigene Lebensgefährtin nicht mehr wieder.

Lucas sagt:

„Was ist nur los mit dir?"

Lucas hat keine Ahnung und deshalb beschließt er erst einmal bei ihren Eltern anzurufen. Doch als Lucas die Eltern (M, M) am Telefon hat verlangen diese gleich nach ihrer Tochter. Ihre Tochter Stella, will niemanden sprechen und fängt zusätzlich an, zu schreien. Ihre Eltern hören das durch das Telefon mit und bekommen es mit der Angst zu tun. Daraufhin beschließen sie ihre Tochter, während der nächsten Stunde zu besuchen und einmal nach ihr zu schauen.

Lucas beendet das Gespräch mit den Eltern, ruft anschließend den Notarzt an. Der Notarzt trifft zuerst ein und wenig später die Eltern seiner Partnerin. Geschätzte 15 Minuten später klingelt es an der Wohnungstüre. Eine Ärztin ist es und sie fragt:

„Bin ich hier richtig bei Lucas Wolf?"

„Ja", sagt Lucas.

Anschließend tritt die Frau Doktor ein und geht ins Schlafzimmer, das Zimmer wo seine Lebensgefährtin, in ihrem Bett liegt. Seine Gefährtin jedoch schreit und will sich vom Balkon stürzen. Die Ärztin aber hält sie mit viel Mühe, mit seiner Hilfe davon ab. Daraufhin bekommt seine Partnerin erst einmal eine Spritze, zur Beruhigung. Was für eine Prozedur, da sie enorme Unruhezustände hat und dauernd anfängt zu heulen. Das Schreien und das Schlagen nach ihnen hört einfach nicht auf, da beschließt der Medicus

# Kapitel 8

sie an ihrem eigenen Bett zu fesseln.

Plötzlich klingelt es wieder an der Türe und als Lucas diese öffnet, stehen ihre Eltern da.

„Was ist denn nur los?", fragen sie Lucas.

Lucas sagt:

„Kommt erst einmal herein und guckt nach eurer Tochter."

Doch als sie das Schlafzimmer betreten, können sie es nicht glauben, ihre Tochter liegt gefesselt im eigenen Bett. Kann weder ihre Arme noch ihre Beine bewegen.

„In Gottes Namen, was ist nur mit dir los Kind?", „und warum möchtest du nicht mit uns sprechen?", fragen die Eltern.

„Will niemanden sehen oder sprechen", sagt Tochter Stella.

Das wiederholt Tochter Stella noch ein paar Mal. Die Wirkung der Spritze setzt ein und schließlich schläft Stella ruhig ein. Anschließend unterhält sich Lucas noch mit der Ärztin und ihren Eltern. Doch die Eltern fangen an Lucas ständig unter Druck zu setzen und hören nicht damit auf, Vorwürfe zu machen. Kurz darauf verabschiedet sich die Notärztin von allen, sie hat ihr Möglichstes getan, so fährt sie nun zu ihrem nächsten Einsatz.

Jedoch als Lucas mit den Eltern alleine ist, geht dieses gegenseitiges Schlecht und Vorwürfe machen weiter. So hat Lucas die Eltern seiner Freundin (K) noch nie zuvor erlebt. Lucas kann verstehen, dass sie sich sehr große Sorgen um ihre Tochter machen, doch diese Anschuldigungen gegenüber Lucas, kann man nicht mehr verstehen. Das geht eine ganze Weile noch so, bis sich die Erzieher wieder ein wenig beruhigen. Gemeinsam wird nach einer Lösung gesucht, diese Lösung kann bestenfalls eine Zwischenlösung sein. Um die weitere Behandlung seiner Lebensgefährtin geht es und was Lucas im Notfall zu tun hat. Angedacht ist ein Besuch bei der Hausärztin (S) Morgen, nur ist es fraglich, ob ihre Tochter Stella am nächsten Tag dazu bereit ist.

Die Erziehungsberechtigte geben Lucas noch einige gute Tipps und fahren anschließend wieder nach Hause. Ein sehr anstrengender Tag und alle sind froh, als dieser endlich zu Ende geht. Lucas hat so etwas zuvor noch nicht erlebt. Eine junge Frau, die sich von der siebten Etage stürzen will, nur weil sie die Befürchtung hat, sich mit fremdem Blut angesteckt zu haben.

Was muss in so einen jungen Menschen nur vor sich gehen, wenn er zu so einer schlimmen Tat bereit ist?

Muss doch etwas sein, was ‘normale‘ Menschen nicht begreifen können.

Oder ist es ihr Körper, der ihr einen Streich spielt und sie dadurch nicht mehr Herr der Lage ist?

Schrecklich ist das und Lucas verbringt die darauf folgende Nacht, fragend nach der Ursache.

Warum seine Partnerin und warum gerade jetzt?

Fragen über Fragen und richtige Antworten darauf findet Lucas, am heutigem Tag nicht. Verbringt eine sehr unruhige Nacht und wacht am nächsten Morgen mit leichten Kopfschmerzen auf. Lucas hat sich für den heutigen Tag extra freigenommen. Da immer noch nicht feststeht, wie es mit seiner

Lebensgefährtin weitergeht. Die Hausärztin muss seine Lebensgefährtin in ihrer eigenen Wohnung untersuchen. Da seine Partnerin Stella einfach nicht bereit ist, die Wohnung zu verlassen. Ihre Ängste darüber, sich auf dem Weg zur Ärztin erneut mit Blut anzustecken, einfach zu groß sind. Während ihre Hausärztin bei ihnen ist, scheint es so, als wenn sich seine Partnerin etwas beruhigt. Ihre Hausärztin ist ein toller Mensch und sie trifft offensichtlich den Nerv.

Heute nimmt die Frau Doktor kein Blatt vor dem Mund, spricht mit ernster Stimme zu seiner Partnerin. Heiß geht es her und nach circa 45 Minuten hat sich seine Partnerin, offensichtlich wieder etwas gefangen. Lucas ist dem Medicus sehr dankbar dafür und der eine oder andere Satz wird miteinander gewechselt. Laut der Ärztin ist die Lage sehr ernst, doch es besteht eine gewisse Chance auf Besserung.

Machen sich große Sorgen um seine Lebensgefährtin, es ist ein Themenbereich, wo seine Hausärztin an ihre Grenzen stößt. Trotzdem bemüht sich ihre Ärztin sehr und empfiehlt ihnen einen guten Psychologen (X). Mehr kann sie in ihrem Fall auch nicht mehr leisten. Trotzdem hat sie sich vorab zu weiteren Gesprächen mit seiner Lebenspartnerin bereiterklärt.

Oft hilft es, wenn man jemanden hat, dem man vertraut und der außerdem gut zuhören kann. Offensichtlich ist Lucas nicht gut dafür geeignet. Lucas ist mit dieser ungewöhnlichen Situation genauso überfordert, wie ihre Hausärztin, die aber wenigstens mit Medikamenten aushilft. Lucas bekommt jedoch die vertrauensvolle Aufgabe seine Partnerin (K) möglichst ruhig zu halten und keinen Besuch zuzulassen. In den nächsten Tagen soll Lucas einen Termin bei einem

Psychologen machen und sie dorthin begleiten. Lucas hat die große Befürchtung, dass irgendetwas schiefgehen könnte und so ist es auch. Tatsächlich hat ihre Hausärztin ein halbes Wunder vollbracht, seiner Lebenspartnerin geht es bereits besser. Doch als der Termin beim Psychologen (X) ansteht, geht der Alptraum in die zweite Runde. Beide müssen mit der Straßenbahn fahren da, die Praxis des Psychologen mitten, in der Stadt liegt. Was für eine Prozedur sich hieraus entwickelt, ist kaum einen `normalen´ Menschen zu beschreiben!

Stella hat große Bedenken wegen der Fahrt mit der Straßenbahn. Da sitzen einfach zu viele Personen drin, die Stella anstecken könnten. Kostet Lucas einige Minuten und jede Menge Überzeugungskraft, um Stella schließlich doch in eine Straßenbahn zu bekommen. Eine Höllenfahrt und seine

Lebenspartnerin Stella äußert jede Menge Bedenken. Endlich an der Praxis des Psychologen angekommen, macht er drei Kreuzzeichen.

„Was für eine Fahrt denkt Lucas." „Was für ein Glück wir doch haben, die Straßenbahn war völlig überfüllt".

Konnte nur besser werden.

Wenig später gehen Stella und Lucas in die Praxis des Psychologen (X) hinein und nach einer kurzen Wartezeit wird seine Lebenspartnerin hineingerufen. Jedoch geht Stella allein hinein, diesen Wunsch hatte seine Lebenspartnerin Lucas gegenüber geäußert. Ganze 45 Minuten sind angesetzt, Lucas kommen sie aber viel länger vor. Da niemand genau Weißt was in diesem Zimmer passiert und das Lucas sehr nervös macht. Kennt den Psychologen nicht, deshalb misstraut er völlig dieser Ruhe. Plötzlich sind die 45 Minuten um und Stella spaziert gemütlich heraus. Stella sieht richtig wütend aus und schimpft wie ein Rohrspatz.

„Was ist nur passiert?", „und warum ist Stella so aufgebracht?", denkt Lucas.

Später draußen vor der Praxis fängt Stella an, Lucas alles zu erzählen.

„Du kannst dir nicht vorstellen was das für ein `Arschloch ist´", sagt sie.

„Wieso denn ein `Arschloch'?", fragt Lucas.

„Weißte worüber der Psychologe die ganze Stunde gesprochen hat?", fragt Stella.

„Nein", antwortet Lucas.

„Der Psychologe (X) hat die ganzen 45 Minuten nur über meine Sexualität gesprochen und wollte alles über meine Sex-Fantasien wissen", sagt Stella.

„Mein Gott was für ein großes Schwein", sagt Lucas. Lucas fügt noch hinzu:

„Hier gehen wir nicht mehr hin und der

Psychologe kann froh darüber sein, wenn wir ihn nicht wegen grober sexueller Belästigung anzeigen."

Richtig aufgewühlt sind sie und Lucas würde diesen Mistkerl von einem Psychologen, am liebsten gleich umhauen. Lucas denkt:

„Gott stehe uns bei wenn das so weitergeht."

Das ist zwar erst der erste Psychologe den beide aufsuchen, doch sie haben sofort die Befürchtung, dass sich das nicht so schnell bessert. Wie sich ein paar Wochen später herausstellen sollte, behält Lucas Recht.

Die genaue Anzahl der Psychologen der Lebenspartnerin und die Zahl der Psychologen die davon nur sogenannte `Arschlöcher´ waren, ist nicht bekannt. Doch es sind einige die entweder völlig unfähig oder einfach nur abkassieren wollten.

„In was für eine Welt leben wir eigentlich?", fragt Lucas.

# Kapitel 9

Von solchen Missständen haben beide noch nie etwas gehört. Entweder trauten sich die sogenannten `Opfer' nicht, sich über ihren Psychologen zu beschweren, oder sie waren einfach nicht mit ihren Beschwerden durchgekommen. Nicht genau bekannt ist, die wievielte Psychologin es war. Nach einigen misslungenen Versuchen passiert irgendwann, das was keiner mehr für möglich hielt. Wieder einmal haben Stella und Lucas einen Termin bei einer Psychologin (DB) in der Stadt ausgemacht. Auch dieses Mal kennen Stella und Lucas die Psychologin nicht und beide gehen mit ganz niedrigen

Erwartungen in ihre Sprechstunde hinein. Um eine kleine Praxis handelt es sich und man muss erst die Treppen hinuntergehen. Da sich die eigentliche Praxis erst im ersten Untergeschoss befindet. Am heutigen Tag sind Stella und Lucas etwas früh dran so, dass sie im Wartezimmer etwas warten müssen. Die Zeit vergeht schnell und als Stella und Lucas endlich die Psychologin sehen, da ahnen sie noch nicht, wie gut sie sein wird. Eine sehr nette Frau (Psychologin) mittleren Alters. Das Gespräch mit ihr ist aufmunternd und schwierig zugleich. Lucas weißt nicht, ob schwierig in diesem Zusammenhang zutreffend ist, vieles von dem, was heute besprochen wird, ist sehr unangenehm. Beider Verhältnis zur Sexualität und ihr beider Verhältnis zu ihren Eltern und Geschwistern. Die Psychologin klopft einmal heftig auf dem Busch. Sucht nach dem Grund warum es seiner Lebenspartnerin so verdammt schlecht geht. Ihnen aber erscheint das ein wenig ungewöhnlich, gleich in der ersten Sitzung, so offen über alles Private zu sprechen. Die Frau Doktor spricht mit ihnen über eine mögliche Therapie für seine Partnerin (Stella K), das ist aber Zukunftsmusik. Und heute kommt das bei ihnen nicht besonders gut an. Zur Sprache kommt eine neue Medikation die, die Aufgabe besitzt, seiner Lebenspartnerin diese Ängste mit der Blut– Ansteckung zu nehmen. Beide haben noch nie von diesen Medikamenten gehört und dementsprechend neugierig sind sie auf dessen Wirkung. Jedenfalls ist der Anfang getan und sie bemerken auch, dass sich die Psychologin sehr bemüht. Außerdem ist sie nett und sehr offen zu ihnen. Sofort nachdem Stella und Lucas die Rezepte für die neuen Medikamente erhalten, verabschieden sie sich von der Psychologin und verlassen danach ihre Praxis. Am heutigen Tag können beide noch nicht ahnen, dass sie ein Glückslos gezogen haben.

Wie sich Monate später erst herausstellt, macht seine Lebenspartnerin große Schritte auf dem Weg zu ihrer Genesung. Ihre Wutanfälle und ihre Heulkrämpfe gehören nun der Vergangenheit an. Offensichtlich hat die neue Psychologin die Wurzel des Übels erkannt. Seine Herzdame traut sich wieder unter Menschen, obwohl es immer noch Situationen gibt, die einen Rückschlag sehr nahe kommen. Seine Herzdame Stella hält sich ganz gut, aber irgendwann ist bei ihr der Moment erreicht, wo sie wieder anfängt zu heulen. Die Medikamente sind sehr gut und sie helfen ein Stück- weit die Symptome zu lindern, ganz heilen können sie seine Auserwählte jedoch nicht. Das Problem ist immer noch da und es tickt wie eine Zeitbombe.

Keiner kann genau sagen, wann der nächste Anfall seinen Anfang nimmt. Lucas selbst hat die Befürchtung, dass die Medikamente irgendwann ihre Wirkung nicht mehr entfalten könnten. Dadurch seine Auserwählte einen größeren Rückschlag erleidet.

Der menschliche Körper gewöhnt sich mit der Zeit an Medikamente und sofort lässt die Wirkung der Medikamente nach.

Lucas muss sich einen Plan B einfallen lassen, bevor die Medikamente ihre Wirkung ganz verlieren. Plan A hat einiges bewirkt, Medikamente und Psychologin, doch jetzt ist Fantasie gefordert. Wichtig ist, seine Lebenspartnerin darf keinen weiteren Nervenzusammenbruch mehr erleiden. Schwer ist es zu beschreiben und Lucas selbst kann nach so vielen Jahren, nicht mehr genau sagen wie es passierte.

Eines Tages hat Lucas eine Idee im Sinn, dabei ist nicht mal mehr bekannt, wie letztendlich er darauf kam. Das kann in einer Zeitschrift gestanden haben oder vielleicht kam es in einer der vielen Fernsehsendungen vor. Genau kann er selbst es nicht mehr sagen, was man darüber sagen kann ist, es war genial. Vollkommen unerheblich ist es, ob Lucas selbst den Einfall hatte, oder er es irgendwo aufschnappte. Dabei handelte es sich um ein Plan B, außerdem war es nur eine von vielen Ideen die Lucas durchspielte, Lucas tat nichts anderes mehr.

Lucas macht sich große Sorgen um seine Lebenspartnerin und sucht verzweifelt nach einem Ausweg.

Man stelle sich nur vor wenn die Idee, tatsächlich die Wende brächte. Lucas Plan B sieht vor eine sogenannte `Tiertherapie´ anzuwenden. Die Idee dahinter ist einfach, seine Partnerin Stella mit einer neuen Aufgabe abzulenken.

Oft sind Krankheiten nur reine Kopf Sache.

Welches Tier könnte so eine Aufmerksamkeit bei seiner Partnerin erzeugen?

Ohne gleichzeitig viel Arbeit und Stress zu machen?

Einige Tiere gibt es, die für sie aber zu viel Stress bedeuten, deshalb kleine Tiere ja, große Tiere eher nein. So ihre Devise.

Eines Abends ist es wieder so weit, seine Partnerin benötigt Mal wieder eine Ablenkung. Lucas fragt:

„Kannst du dir vorstellen ein Tier im Haushalt zu halten?"

Stella antwortet:

„Ist das dein ernst?", „oder möchtest du mich nur auf dem Arm nehmen?"

„Nein, meine das total ernst", sagt Lucas.

Sie lächelt Lucas an und sagt darauf:

„Ja, dann würde ich gerne einen Hund haben der mich beschützt."

Lucas erwidert:

„Kann mir im Moment nicht vorstellen uns einen großen Hund zu kaufen, einfach, weil unsere Wohnung dafür zu klein ist."

Sie schaut Lucas fragend an und sagt:

„Ja, dann einen kleinen Hund den man auch mal mit auf, die Couch nehmen kann.“

„Hmm“, „und wer soll die Zeit haben um mit dem Hund Gassi zu gehen?“ Denkt Lucas.„Mal schauen“, sagt Lucas.

Stella aber lässt nicht locker und will es nun ganz genau wissen.

„Wann möchtest du Lucas mit mir das Tier kaufen gehen?“, fragt Stella.

Lucas antwortet:

„Wenn du Stella es möchtest, dann können wir dir gleich Morgen ein Tierchen kaufen gehen.“

„Oh ja, das wäre so toll, bitte ja.“

„In Ordnung, dann wird das so gemacht“, sagt Lucas.

Lucas bemerkt gleich, dass es Stella sofort besser geht und die kleine Ablenkung ihr offensichtlich guttut. Das Thema Hund oder Tier scheint bei Stella eine positive Reaktion auszulösen. Wie auch immer stellt sie eine positive und doch nur temporäre Reaktion dar. Ihre Reaktion ist positiv und das gibt Lucas die Hoffnung, dass der Plan B, oder das Projekt `Haustier', auch klappen könnte. Hat selbst einige Bedenken bezüglich eines Haustiers, aber sollte das Ergebnis des Projektes `Haustier' (Plan B) positiv ausfallen, das Ziel damit erreicht wäre. Die Bedenken die Lucas hat, würden sich sofort in Luft auflösen. Daraufhin verbringt Lucas zum wiederholten Mal, eine sehr unruhige Nacht. Weil die Sorgen und Bedenken bezüglich eines möglichen Erfolgs, oder eines Scheitern des Projektes `Haustier,' (Plan B) enorm sind.

Am nächsten Morgen erledigen Stella und Lucas erst einmal den Haushalt und was sonst noch ansteht. Etwas später, da ist es bereits nachmittags, fahren sie gemeinsam in die Stadt. Der Plan sieht vor seine Partnerin Stella zu einer von ihm ausgesuchten Tierhandlung zu führen. Zwar ist es keine richtige

91

Überraschung mehr für seine Geliebte, dennoch wird es ein wenig spannend. Zuerst gehen sie gemeinsam ein bisschen durch die Innenstadt und danach in den S-Markt. Der S-Markt ist eine Ansammlung von Geschäften, die in einer überdachten Passage liegen. Doch als Stella und Lucas vor der erwähnten Tierhandlung stehen, kann Stella es kaum glauben.

„Du willst wirklich mit mir da rein?", fragt Stella.

„Ja", sagt Lucas.

Stella zögert nicht lange, hält seinen Arm fest und nimmt ihn mit in das Geschäft. Ist nur eine kleine Tierhandlung mit wenig Tieren, dafür mit jeder Menge Ausstattung für Tiere. Hier gibt es eine Menge Tiernahrung und das passende Tierspielzeug gleich mit dazu. Stella hat wohl von draußen im Schaufenster die Katzen erspäht und dirigiert sie beide direkt dorthin.

# Kapitel 10

Drei kleine Perser-Katzenbabys sind es, die im Schaufenster sich hin und her bewegen. Stella ist gleich Feuer und Flamme.

„Oh sind die süß und noch so klein, darf ich eine von denen haben?", fragt Stella.

„Lass uns mal nach der Verkäuferin rufen, danach sage ich dir mehr", sagt Lucas.

Da nur wenige Augenblicke später eine der Verkäuferin zu ihnen kommt, bitten diese gleich, die Verkäuferin ihnen eine der Katzen zu zeigen.

„Können Sie uns bitte eine der Katzen einmal herausnehmen, damit wir sie begutachten können?", fragt Stella.

„Ja, sofort", sagt die Verkäuferin.

Die Verkäuferin zieht daraufhin eine der Katzen aus dem Schaufenster heraus und legt sie direkt Stella auf dem Arm. Ein schwarzer Kater ist es, mit den Farben Schwarz, Weiß und Grau. Wie Stella und Lucas erfahren ist der Kater ungefähr 12 Wochen alt. Beide haben sie noch nie zuvor eine so schöne Katze gesehen und ihre Farben sind etwas ganz besonderes. Solche Katzen werden als Glückskatzen oder Tricolor Katzen bezeichnet. Ihre Verkaufsberaterin ist sehr nett und zeigt ihnen bald darauf noch, eine zweite Katze. Später erfahren Stella und Lucas von ihr dass, die Katzenbabys Geschwister sind. Die Katzenbabys stammen nämlich von demselben Züchter ab, der immer diese Tierhandlung mit Katzenbabys beliefert. Jeder dieser Katzenbabys besitzt einen ungefähren Wert von 550 Euro, die Ausstattung und

Nahrung noch nicht mitgezählt.

Ihren persönlichen Favoriten hat Stella wohl bereits gefunden. Zwar ist es kein Hund, sondern `nur' ein Perser-Kater, aber loslassen möchte Stella den Kater nicht mehr. Sieht so aus wenn sich die beiden, das Katzenbaby und seine Stella (Lebenspartnerin), gesucht und gefunden haben würden. Nach kurzem hin und her entschließt sich seine Stella für den ersten Kater. Nun muss noch die entsprechende Ausstattung und Nahrung her. Auch das dauert nicht lange und gleich sind die Nahrung für mehrere Tage, etwas Spielzeug, ein Katzenklo, eine Schale fürs Essen und Trinken und ein Körbchen als Schlafplatz, et cetera gefunden.

Die ungefähre Summe der Artikel plus Katzenbaby beläuft sich auf unter 1000 €.

„Ein Schnäppchen, wenn die Tiertherapie ein Erfolg wird!" Denkt Lucas.

„Die Gesundheit der Partnerin ist die Investition von X - € allemal wert", denkt Lucas. Anschließend wird an der Kasse bezahlt danach fahren Stella und Lucas samt eines Katzenbabys und einer Ausstattung nach Hause. Überstehen alle den Transport samt Katzenbaby und Ausstattung heil und etwas später geht es darum, einen geeigneten Platz für das neue Familienmitglied (Kater) zu finden. Stella und Lucas einigen sich auf den vorläufigen Platz Küche, als Schlafplatz. Zuerst soll sich der Kater in der Küche aufhalten und später den Rest der Wohnung kennenlernen. Doch als sie das Katzenbaby samt Transportkörbchen in die Küche stellen, dauert es nicht lange bis dieser sich versteckt. Sofort nach Öffnen der Tür vom Transportkörbchen, sich der Kater hinter ihrer Waschmaschine versteckt. Das Katzenbaby kennt seine neue Umgebung noch nicht und hat sich vor Angst erst einmal versteckt. Beide rufen zwar ein paar Mal nach ihm, doch selbst als sie Futter hinstellen, kommt er nicht mehr hinter der Waschmaschine hervor. Ist zwecklos und so beschließen sie ihn erst einmal, in Ruhe zu lassen. Sie dunkeln den Raum ab, stellen Wasser, Futter und ein Katzenklo hin. Schließen die Türe. Sie hören später zwar noch den Kater, aber lassen ihn erst mal gewähren.

Hat der Kater doch alles, was er braucht und schauen, tun sie öfter nach ihm. Die Nacht über hat das Katzenbaby sich sehr ruhig verhalten.

Am nächsten Morgen, sofort beim Öffnen der Küchentüre, der Kater sie begrüßt. `Miau Miau', ruft er ganz laut und läuft zwischen ihren Beinen herum. Offensichtlich freut sich der Kater sie zu sehen und sie freuen sich auch ihn zu sehen. Sie spielen ein bisschen mit ihm, anschließend wird der Kater gestreichelt und mit etwas Milch gefüttert. Seine Lebenspartnerin will den Kater gar nicht mehr in Ruhe lassen, so süß findet sie ihn. Im Anschluss gehen Stella und Lucas ins Wohnzimmer, wo ihn der Kater vorsichtig hin folgt. Sie wollen dem Kater nur einen größeren Teil der Wohnung zeigen, damit dieser so nach und nach, die Angst verliert. Klar inspiziert das Katzenbaby sein neues Reich und schaut dabei, immer wieder Richtung Küche. Anfangs zieht er sich immer wieder in die Küche zurück, doch nach einer Zeit beschließt er lieber bei ihnen im Wohnzimmer zu sein. Der Kater sucht ihre Nähe, obwohl das bedeutet, sich weiter von der Küche zu entfernen. Die Küche ist sein Rückzugsraum, dort fühlt er sich wohl. Die Hübschen Stella und Lucas sind mit der Suche nach dem Namen für den Kater beschäftigt, und der Kater mit der Erkundung seines neuen Reiches. Dabei finden sie einige Namen, aber nur einer darf es sein. Am Ende einigen sie sich auf dem Namen `Kenny'. Natürlich haben sie sofort angefangen den Kater so zu rufen, dieser anfangs nicht gleich darauf hört. Kenny ist ein sehr schöner Name und dazu einfach zu merken. Ihr Kater - Kenny gewöhnt sich schnell an sie und er sich auch an seinen neuen Namen.

Ein paar Wochen sind vergangen da bemerkt Lucas erst was, für eine tolle Bereicherung der Kater für sie ist. Alles dreht sich nur noch um das neue Familienmitglied (Kater Kenny). Wenn, überhaupt spielt Lucas selbst nur noch die zweite Geige im Haus. Heißt nur noch Kenny hier und Kenny da und das kann der Kater und das macht der Kater. So etwas hat Lucas nicht erwartet, diese Menge an Fürsorglichkeit für einen Kater. So ist Stella

(Lebenspartnerin) nun mal, herzensgut und auch sehr fürsorglich.

Gleich nach einigen Wochen steht beim Kater der erste Arztbesuch an. Die erste Untersuchung und eine Wurmkur stehen nun an. Der Kater übersteht auch diese kleine Prüfung mit Bravour und kann sofort etwas ruhigeren Tagen entgegensehen. Schließlich haben Stella uns Lucas ihm eine tolle Tierärztin besorgt, die ihn gut behandelt und ihn sofort in ihr Herz schließt. Doch die Tierärztin ist nicht ganz so günstig und außerdem befindet sich ihre Praxis etwas weiter, von ihrem Zuhause entfernt. Dem Kater aber geht es gut und das ist die Hauptsache.

Über die möglichen Kosten die eine Katze verursacht, haben beide vorher nicht gesprochen. Haben seine Lebenspartnerin und er selbst, nie zuvor eine Katze gehabt. Mit der Zeit bekommen sie einen Überblick über, die Kosten die, bei der Haltung einer Katze fällig werden. Nie haben sie gedacht, dass so ein Katzenbaby, so viel Aufmerksamkeit benötigt. Ihr Kater hält sie rund um die Uhr auf Trab. Je älter er wird um so mehr Aufmerksamkeit, fordert er von ihnen an. Auf der anderen Seite lenkt er ,aber seine Partnerin von ihrer Erkrankung ab. Lucas hat nicht glauben können, dass eine Tiertherapie so gut gelingen könnte. Anfangs ist es nur ein Plan B, nur ein Versuch und später stellt es sich, als die beste Therapie heraus. Unbewusst hat ihr Kater Kenny, mit einem Schlag ihr beider Leben, sehr positiv beeinflusst. Obendrein sind seine Partnerin und der Kater unzertrennlich. Durch die große Verantwortung und der Beschäftigung, die sie mit der Aufzucht des Katzenbabys auf sich nimmt, vergisst sie völlig wie krank sie eigentlich ist.

Bei den Schmusestunden wo Kater Kenny gekämmt und gepudert wird, sieht man wie sehr sie einander mögen. Der Kater schnurrt und schnurrt und fällt dabei fast in den Schlaf. Seine Lebenspartnerin ist eine Art Katzen-Beschwörerin und der Kater ist ihr völlig ausgeliefert. Beide bilden sie eine Einheit und sie haben sich nun gefunden. Dadurch, dass Lucas arbeiten geht, verbringt seine Lebenspartnerin mehr Zeit mit dem Kater. Deshalb ist Kater Kenny mehr auf seine Lebenspartnerin fixiert. Schließlich hat der Kater seiner Partnerin es zu verdanken, nicht mehr in der Tierhandlung zu sein. Scheint so als, wenn er sich dafür bei seiner Partnerin bedanken will.

# Kapitel 11

Sie hatte ihn aus der Tierhandlung befreit und im Gegenzug der Kater sie wieder, zurück ins Leben geholt. Der Zustand seiner Lebenspartnerin verbessert sich vom ersten Tag an, an dem der Kater in ihr beider Leben tritt. Kontinuierlich, als wenn es nie anderes gewesen wäre.

Das Katzen besondere Fähigkeiten nachsagt werden und das diese Katzen in einigen Ländern der Welt früher, wie Götter behandelt wurden. Das war ihnen bekannt. Im alten Ägypten zum Beispiel wurden sie verehrt und galten als heilig. Keiner durfte diesen Katzen etwas antun, sofort würde er mit dem Leben dafür bezahlt haben. Man sagt Katzen im Allgemeinen besondere Fähigkeiten nach und es gibt unzählige Mythen über sie.

Tatsächlich hat ihr Kater gewisse Fähigkeiten und diese, sind bestimmt nicht alle von dieser Welt. Sahen sie ihren Kater des Öfteren springen und hüpfen wo, sonst kein anderer war. Ob er Geister sehen konnte oder sich durch einen Luftzug erschreckte, ist bis in die Gegenwart nicht geklärt. Was aber geklärt ist, er hat innerhalb von wenigen Monaten seine Lebenspartnerin fast im Alleingang geheilt. War für sie da, und zwar jeden Tag. Immer wenn es seiner Lebenspartnerin schlecht ging, merkte der Kater es sofort. Automatisch suchte er die Nähe zu ihr und versuchte durch sein Schnurren, sie zu beruhigen.

An dieser Stelle kann ruhig vorweggenommen werden, der Kater rettete seiner Lebensgefährtin Stella, das Leben

Natürlich nahm seine Lebenspartnerin parallel zu dem Kater einige Medikamente ein, darüber hinaus, hatte sie eine sehr gute Psychologin (DB). Doch die Liebe die sie von mir (Lucas Wolf) und dem Kater (Kenny) erhielt, darf man in dieser Situation nicht völlig unterschätzen. Zum Schluss ist es wohl ein Mix von Allem, der das positive Resultat ermöglichte. Ein Plan A und der Plan B, die Tiertherapie.

Abschließend soll noch Erwähnung finden, dass seine Lebensgefährtin Stella (K) zu 100 % wieder gesund wurde.

Nennt man so etwas nicht eine unglaubliche Geschichte?

Oder anders ausgedrückt ein Wunder?

Das Ende.

# Literaturverzeichnis

Eine wahre Geschichte meine Person hat das Wunder miterlebt.

# Impressum

Autor: J. R Lucas Wolf

E-Mail: luquetejero@hotmail.com

Herstellung und Verlag: BoD – Books on Demand, Norderstedt
Paperback ISBN: 978-3-7519-8088-3
E-Book ISBN: 978-3-7526-8201-4
Printed: In Germany